옮겨

김정옥 시집

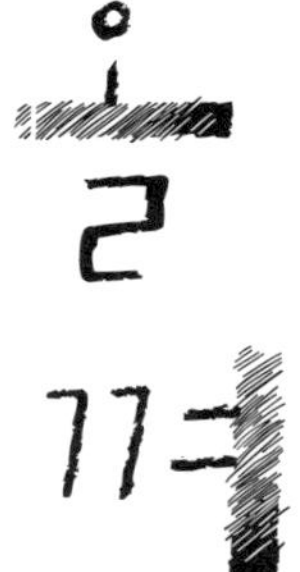

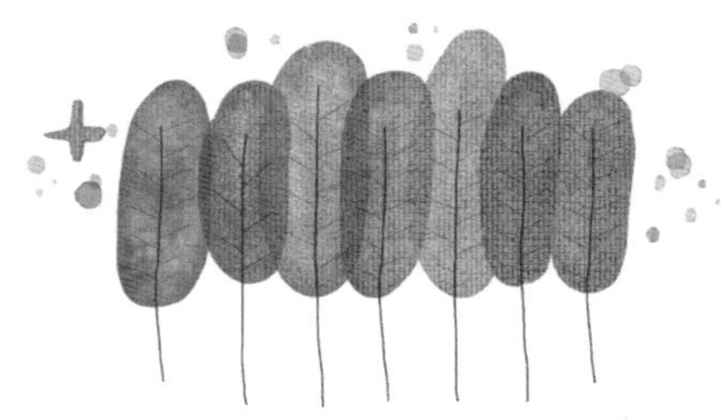

정은출판

| 시집을 내며 |

봄내음 새록새록

고향집 댓돌위에 신발이 나란히 앉아
따스한 볕을 쬐고 있었다

졸고 있던 강아지가 쫄랑쫄랑 오더니
신발 한 짝을 잡고
요리 조리 살펴보고
핥아보고
물어보다

한 짝 한 짝 가지고 노는 재미에 푹 빠져든다
처음 보는 쪽배에서
처음 듣는 소리에서
봄내음이 난다

2018년 봄날
김정옥

| 차례 |

제2부. 언제

제3부. 시방

제4부. 얼른 와

| 제1부 |

응

올껴

주말의 나른한 아침을 깨우는 공식
명랑한 전화벨

엄마는 소프라노

나는 테너

산수유처럼 밝게 피어나는 엄마의 웃음
계곡물처럼 흐르는 나의 노래

소리

파도의 진원지는 섬 속에 있었다네
섬이 섬답게 살아나는 소리가
고흐의 물감 튜브를 춤추게 했다네

해바라기가 살아 숨 쉬는 소리
매화향이 꿀벌을 부르는 소리
밤하늘 별들이 춤추는 소리
농부들의 땀방울 떨어지는 소리
광부들이 토해내는 거친 숨소리
헐벗은 여인의 한숨 소리

거름망으로 걸러야 들리는 소리가
고흐를 풍덩 빠져들게 했다네
캔버스에서 꿈틀 살아났다네

달콤한 건 더 달콤하게
짠내가 더 풀풀 나게
매워서 열이 펄펄 나게
그러나 어둠 속 빛이 되는

대지에서 평면을 통하여 공중에 길을 열었네

길은 길로 통하였다네
전시장에 별을 띄웠다네

나도 물감 튜브를 짜고 있다네

숭늉

누룽지의 사골국물이네

속없는 여자의 말처럼 심심하던 멀국에
문살처럼 앙상하던 뼈를 녹여내네

골다공증 앙상한 뼈도 진국을 품고 있었다네

말썽 많은 내 허리를 잡고 일어서다
엄마의 뼈마디 삭아가던 소리를 듣네

엄마가 끓여주는 숭늉에
엄마의 통증이 녹아들어
더 구수하다네

엄마는 언 몸 녹여주는 숭늉이라네

양말목

아들의 서랍장에 개킨 옷을 넣으려다
발견한 목 늘어진 양말

구멍 나고
짝을 잃고
늘어진 것 뿐

동트기 전 선 채로 찬도 없이
국에 만 밥 몇 술 뜨면
문이 홀로 배웅하고
밤이슬에 젖어서야 둥지로 들었을 나날

닳고 낡아가는 양말로 살아도
가족의 버팀목이 되는 수리부엉이처럼 짱짱한 보호자
여린 아이들에게 따스한 봄을 안겨줍니다

귀가길 정거장

어묵 국물은 식어 가는데
소주병은 속을 비워가며
일그러진 초상을 담아
모자이크를 한다

포장마차 허술한 벽
가벼운 바람에 흔들려도
어느 누구의 혀 꼬부라진 논술이든 모두 받아쓰는
중립을 유지하려 귀를 기울인다

비틀거리면서
연결되지 않는 기억의 파편으로 쉬이 사라져갈 따옴표
힘겨운 노동의 연속선에 마디를 지어주는 쉼표

물음표로 얼룩진 하루의 스트레스
먼지를 털어내고
마침표를 찍어

늘 거센 파도를 이겨낼 힘을 실어주는 느낌표
따스한 가족에게로

괭이밥

재빠르게 가운데 자리를 차지하고 앉아 있어도
선생님 눈에 띄지 않는 아이가 있었습니다
조그맣고 연약한 몸으로
뙤약볕 아래 납작 엎드렸다가
영양 죽 같은 가뭄 끝 단비를 부지런히 받아먹고는
보란 듯이 여린 몸으로 노랑꽃을 피워낸 것이
홀로 어린 자식들을 키워낸 어머니를 빼 닮았습니다

작은 체구 어머니의 자식사랑에
거칠고 메마른 땅의 뼈도 물러졌지요
조그마한 손으로도 끝내 열매를 빚어냈지요

합격자 명단 속 이름 하나
떠오르는 아침 해입니다

끈

질기고 질긴 뿌리
연락이 닿지 않아도
변함없이 든든한 생의 근원지

엇박자 같은 부장의 고함에
떼 까마귀 같은 고객의 억지에
지친 하루하루도
참고 일어서게 하는
친구

간간이 나비되어 날아드는 소식도
순풍에 돛이 되어

쓸쓸하던 빗소리는 플루트 통통통 폴짝이는
오케스트라 연주를 하고
걷기 운동하는 병원복도에 주단을 깔아준다

길고도 짧은 하루

학교에서 달려가 아르바이트까지 끝내고
부은 다리 끌며 들어선 자취방

서향 문으로 여름 한가운데 오후의 햇살이
우르르 몰려드는데
동쪽 창문은 뱁새 눈 같아 발길을 돌리는 바람
소나기를 만난 듯이 땀에 젖은
나는 촛농처럼 방바닥에 납작 엎드려
궂은 일로 도진 통증을 삭인다

작은 파편으로 조각난 하루
그만 일어나라고 잔소리한다

시간제 야간 일터로 향하는 길
힘내라고 덜컹이는 버스

장마

교실 창문으로 힐끔거리던 눈
줄기차게 빗줄기는 수직선을 내려 긋고 있었다

짙은 그늘 길을 만들어주던 플라타너스도
후드득후드득 비에 젖은 맨몸으로
젖은 새를 지켜볼 뿐이었다

집에서는 대야와 양동이가 지붕의 오줌을 받고 있었다
양동이와 대야는 서로 장단을 맞춰보다
모데라토로 달음질하는 것이었다
녹슨 함석지붕은 작은 북을 있는 힘껏 두드리고
웅크리고 누운 할머니는 바튼 기침으로 간단없이
오케스트라에 간을 하였다

엄마는 부엌에서 국수 반죽을 여문 손으로 밀어
누룽국을 끓이고
나는 국수꼬리가 먹고 싶어 젖은 교복 다림질을 하다가도
촐랑촐랑 부엌을 들락거렸다

장맛비가 마음을 유리창 밖 추억으로 적신다
젖은 시간도 어린 시절은 뽀송뽀송하였다

고속버스를 타고

버스가 출발하자 시작된 영화
중간 어디쯤에서 시간은 미련 없이 영화를 토막 내어
의문부호만 잔뜩 안겨 주리라

개성 강한 느티나무, 메타세과이어, 벚나무
어깨를 부딪치며 역주행 마라톤을 하는데
미루나무는 까치집을 이고 달린다

구름은 나와 동행하기로 했는지
간격을 유지하며 속도를 맞춰 준다
산이 우리 사이로 교행한다
빨리 달리기 숨이 찼는지 방향을 틀며 구름이
'뭐가 그리 급해' 라고 묻는다

집에서 아이들이 기다려

쉼표가 필요한 사회

'인생은 결코 공평한 것이 아니다
이 사실에 익숙해져라'
화장실 안까지 점령한 세계 최강 기업인의 말

얄팍한 시간마저 허락하지 않는
사회의 숨구멍은 어디에

느낌표

다시 보고 싶은 연인이 있어
찾아 나섭니다

소월의 집
안방에서
세월의 향내 나는 옷을 입은
시편 가족이
먼저 반겨줍니다

만화 바다에서 허우적일 때
중학생이 되었으니
문학에 관심을 두면 좋겠다며
아버지께서 주신 입학선물입니다

아버지의
사인이 아직도 뚜렷이 박힌
얼마나 여러 번 드나드셨는지
문턱이 다 닳고 헤졌는데

빨강 파랑 행간을 따라 걷던 밑줄이
힘찬 발걸음을 옮기며
지금 나를 부릅니다
어서 따라오라고

소월의 넓은 정원 구경에 푹 젖어
태양이 제집으로 돌아간 것도 모릅니다

엄마는 어린이

기력 약해진 엄마에게
걷기 운동을 권하여 봅니다

엄마의 고집은 굳은 모차렐라 치즈이고 돌덩이입니다

아버지 말씀에는
쫄깃하여져 길-게 은사라도 뽑아낼 것 같았지요

농담과 웃음으로 넘어가려는 울 엄마에게
나의 설득은 지칠 줄 모르는 연속극 재방송이 됩니다

집에서 조금 멀찌감치 내려드리고
엄마의 뒷모습을 놓치지 않으려
어스름 저녁 길을 바라봅니다

부재중이 된 사람

병원에서 한나절 보낸 하루
고등어조림처럼 어우러지지 못하고
덜 익은 무김치처럼
숙성되지 못한 채 겉도는
매운 맛 아리다
계획은 꽈배기처럼 틀어지고
나사가 몇 개나 풀어져
텅텅텅 빈 쌀독 같은 소리를 내는 그에게
전화기 너머에서 난폭한 목소리가
제멋대로 튀어나오고
공문서들은 두서없는 편지처럼
먼저 머리를 디밀려 기를 쓴다
엑셀 수식은 엉뚱한 지점을 가리키는
내비게이션이 되어
이정표를 잃고 더 난해한으로
무위의 시간 속을 헤매게 한다

차라리 백지수표를 써주시겠어요?
정확한 금액을 제시하지 않고

원하는 조건을 거머쥐려는 채권자가 된 시간이
포획된 잠자리가 버둥거릴수록
거미처럼 점액질의 침을 바르며
독기어린 시선을 풀지 않은 채
포승줄을 좀 더 단단하게 조일 뿐이다

집에서는 아이들끼리 칭얼거리다 잠이 들고
그의 빈자리가 더 썰렁해진다

잘록한 허리를 가진 밤

달리의 흐물흐물한 그림
잘록한 허리를 중심축으로
상반신은 이쪽에 그대로인 채
하반신만 늘려간다
지리소의 꼽추를 그리면서도
손을 놓지 않아
풀린 눈으로 맞는 아침
자목련이 창문에
단색판화를 그-린-다

자석

남편의 팔에 의지하여
병원 복도에서 걷기 연습하는 아기가 된다
이 사람 팔이 이랬던가
처음처럼 부피와 무게가 낯설다
창문마다 어느새 만추의
풍경화를 걸어놓았다

문득 한 장면 속으로 순간 이동한다
단풍구경 갔던 인파속 암호가 되었던 그의 뒤통수
그는 꼬리를 떼어 놓고 저만치 앞에서
끝자리가 안 보이다 두 자리가 안 보이다
풀리지 않는 비밀번호가 되어
홀로 집으로 돌아오고 말았다

복도 끝에서 손을 흔들며 웃는 딸

"앞으로 손 꼭 잡고 다니세요"

자력 강한 부부의 연으로 연리지가 되란다

종합 병원

일층 외상센터에서 사고로 부서진 부품들을 살리기 위해
응급처치를 먼저 서두른다
자주 막히고 청소능력이 시원찮은
하수관로 이층 수리센터에서
더 큰 업체를 소개해 준다
삼층 골재담당 업체에서는 삐걱거리는 축대를 손보고 있다
사층 배기관로 종합서비스 센터에서는
굴뚝 청소로 소음이 인다
오층에서는 말썽 많은 연료투입 관련 기계를 조사중이다

고물상으로 넘겨지기 직전의 문제까지 사라진다

기름 치고 닦는 수고에도 총체적 난관에 부딪히던 내 몸
한창 팔팔한 물고기라나

알약의 행진

여럿이 모여 앉아 있는 알약
밥 때를 지키게 해주고

상처 치료
세균제거
바이러스를 물리치는 선봉장

나의 보호자로 나서는 작은 알, 알

제어력이 탱크라
덩치 큰 내 몸을 우리 속의 새로 만든다

이제는 한 술 더 떠
바람빠진 타이어 같은 몸
엄마대신 잠까지 재워준다

검독수리도 못 당할 쥐눈이콩이
아침 밥상에 먼저 나선다

겨울 방

자율학습 끝나고 늦은 밤 집에 가자마자
연탄난로 뚜껑을 열어보면
영락없이 싸늘한 주검

서둘러 번개탄에 불을 붙여 보지만
방은 툰드라의 겨울
수족냉증 몸은 더 얼어붙어도

아버지께 가끔 쓰는 안부편지에는
늘 벽에 붙어 있는 표어인양
저는 건강하게 잘 있어요
걱정하지 마세요

연탄난로의 따스함이
내 몸을 감싸 안아 줄 때쯤이면
밤은 이미 새벽으로 가고

여전히 나는 얼음집에 산다

아버지께 편지라도 쓰고 싶은 밤
독백이 하얀 입김으로
유리창에
그리움의 그림을 그린다

열무김치

멋진 실내악 연주다
혼자서는 낼 수 없는 화음

제일 바이올린 아삭아삭 열무
제이 바이올린 다진 마늘
비올라 매콤한 고춧가루
첼로 밀가루 풀에 섞어
잘 버무려진 음악이 되고

맛의 정점 이루어
멋들어진 현악 사중주
한몸 같은 소리로
연주한다

시원, 매콤, 아삭, 시큼,
스타카토 톡. 톡.
엄마 손이 지휘하는 연주회

형용사

우정과 사랑 앞에 먼저 나선다

믿고 싶은 마음이 붙여준 벼슬

그리스 신화 속 히드라처럼
머리를 자를수록
자꾸 새로 돋아난다

달콤하게 다가서다
치명적인 독을 내뿜는다

보름달이 이지러지고 있다

흐르는 물에 장미꽃잎 띄운다

---

* 히드라 : 그리스 신화 속 헤라클레스가 이룬 12가지 업 중 2번째로 물리쳤다. 티폰과 에키드나의 자식으로 머리가 9개 달린 뱀

| 제2부 |

언제

아버지의 뜰

라일락이 아버지의 향기를 가득 풀어놓은 뜰
아버지 마음 간직한 나무들 꽃 피울 때마다
소쿠리에 넘쳐흐르는 향수

그 집엔 구멍가게였던 광에 달린 문간방이 있다
바람이 타악기 연주하는 양철문 안 조그만 그 방
책상 하나에 책이 가득 들어앉은 책꽂이가 전부

두 딸 위해 옷장 만들어 줄 설계도 안고
대문 양쪽 기둥 앞에 우뚝 선 오동나무 문지기가
연보라 꽃 초롱 불 밝힐 때면
엄마의 분 냄새 닮은 향기를 찻잔처럼 내밀며
은행잎 푸르러가는 마음을
연인의 손길인양 어루만지던

낮은 지붕에 무성한 나무들
봄 매화부터 담장 가득 개나리 노란 물 들이고
오월 장미 가을 국화까지
꽃들이 계주를 벌여

개나리집, 꽃집, 오동나무집, 은행나무집…
철마다 문패를 바꿔단다

옛집은 첫사랑처럼 가슴에 담기어 있어
길가에서 마주치는 짙은 향수 담은 라일락꽃 향기에도
그리운 울안의 정경
어제처럼 되살아나고
내 안에서 무성한 여름을 향한
초록물결 풍경을 그려간다

주간보호센터에 가신 어머니와 동생 만나
자목련, 홍도, 목단…
우리 집 뜰에 둥지 튼 아버지의 꽃들이
봄문 활짝 연 소식을 전하며
모래 참숯 자갈 켜켜이 쌓아 자연정수기 만들고
퇴비도 채로 쳐서 햇볕 소독하여 주는
일을 취미로 삼으시던
겨울날 마루에 드는 햇살 같은

아버지로 가득 채워진 기억의 창 열어
영화필름처럼 되감아보고 싶은

다시 또 봄

심장이식 수술을 받았다
툴툴거리고
심방 잔 떨림처럼 아침마다 눈을 뜨기 힘들어하던

언제 갑자기 멈추게 될지 모르던
불안을 먼지처럼 털어낸다

하얀 이를 드러낸 웃는 얼굴로
이 겨울도 끄떡없이 잘 견딜 거라는
정비 기사님 말이 보증서가 된다

지난번에는 하체부실에 호흡기… 문제
차일피일 미루었던
건강검진에서 대량으로 발견하여
입원까지 해야 했다

나이 먹으면 몸 관리에는 무엇보다 예방과
조기 발견이 지름길인 모양이다

고속도로를 쾌속질주하며 건강한 몸에 찾아온 봄 공기를
한껏 들이마신다

손님맞이

우리 집에 손님이 왔다

이불과 베개가 한 가득

한데 어울려 화끈 닳아 오른 집

늘어지게 낮잠만 자던 강아지도
이 사람 저 사람 사이를 오가며 종알거리는
참견 많은 아줌마가 된다

김치에 된장국 한 가지로도
고봉밥이 술술 넘어갈 것 같은데
저마다의 겪어온 이야기를 풀어 넣은
양념장이 더욱 맛깔스러운
밥상을 차린다

식지 않는 숯

1

우르르 따라 오는 고구마 줄기
욕망의 굴레들
시간을 채치고
다지기까지 한다
그 짧은 틈에서 조차 달리기를 해야 하는
현대인의 초상

오래도록 제 몸 불사르면서
굴곡진 인생사를 구워낸다

2

목련공원을 향하여 비척거리며
산비탈 난간을 잡고
한걸음에 숨 한 번 돌리며 걷고 걸어간다
너무도 먼 길이 까마득하여
당신의 그림자조차 보이지 않는다

저 많고 많은 망자들의 꽃 너울 속

어느 한 자락에 당신은 나를 위한 꽃 한 송이로
피어 있을까

내가 보고 싶어 하는 만큼
간절한 마음으로 기다리고 있을까

3

우리의 사랑은 칡뿌리이다
질긴 인연에 살을 찌우며 한 평생
손을 놓지 않았다
주름진 당신의 손은 아직 따스_한 온기를 가졌고
옆에 있어주는 것만으로도 서로에게
위안을 주는 등 부빌 언덕이다

쉬이 식지 않고 오래오래
조근 조근 이야기를 불씨로 살려 가리라

프린터와 나

1

시스템복구까지 하여
하던 이야기 현재를 지우고
과거로 돌렸지만
밥을 한 숟가락도 못 넘기는 환자
자꾸 목에 걸리나보다
밥맛을 영 잃었나보다

백약이 무효한 병자가 되었다

한껏 뽐내며 달리는 오토바이처럼
큰 소리를 내며
시간에 쫓기는 근로자처럼 급히 먹던 밥
손도 못 대고 바라만 본다

2.

내 문제투성이 위를 내시경으로 들여다보고
지나간 시간을 돌아본다
친구 한 번 만나기 힘들 만큼

소주 한 잔 나눌 시간이 없을 만큼
가족들과 정담을 나눌 틈도 주지 않던 저지대

3

프린터와 나
사회구성체로서 우리는
상층에게 존재의 의미를 주는 충실한 뿌리들이다
가로등처럼 눈을 크게 뜨고
작동중이다
온점을 찍지는 않는다

어느 노숙

한데 잠을 자야만 노숙인가
배고프고 등 시린 집
벽도 창도
허깨비로 서 있기만 하고
제 구실을 잊은 집
문틈으로 찬바람이
제 길 삼아 드나드는 집
자리끼로 떠다 놓은 물이 얼고
아궁이에는 거미가 살림을 차린
북향의 그 쪽방에는
햇볕조차 발길을 끊어
등 굽은 할머니는
날 밝으면 밖으로 나와
실종된 봄을 찾아 나선다

모래성

1.
통장의 잔고를 확인한다
한 달 내내 쉴 틈 없이 도는 컨베이어로 살아도
파도에 휩쓸려
허물어지는 건 삽시간

근근이 하루하루
버팀목으로 살아내는 일이
이리도 티눈처럼
아픔을 참아내야 하는
수레바퀴가 될 줄이야

2.
아이가 책값을 달라고 한다
까닭모르는 아이는
우산 없이 비에 젖는
나를 보지 못한다

학교 앞에는 아이의 발길을 잡고 놓아주지 않는

떡볶이 집 분식집 아이들 화장품까지 판다는 문구점…들이
줄지어 서서 찌를 흔들텐데

사춘기 아이도 루주를 바르고
성숙을 앞당겨
어엿한 숙녀가 되고 싶으리라
빨리 어른이 되어 이 불안정한 굴레에서
벗어나고 싶으리라

3

퇴근 후 대리운전에 나선다
보름달이 되고 싶어 하는 아이들에게
징검다리라도 놓아주기 위해

쌓던 모래성을 사하라로 보내고
굳건한 석성을 쌓아야겠다

합의된 불온

나에게 이보다 더 진전된 관계를
원하면 안 돼
본영으로의 진입을 요구하면 안 돼
여기까지야

어쩌나 이 합의를 실행할 마음이 없으니
내가 보고 싶다고 말하기 전에
먼저 찾아오게 될 걸

날마다 시간을 갉아먹는
생활이 된 색채의 춤판

즐겁고 신나는 바람으로 흔들다
가슴 떨리는
유혹의 늪에
푸욱
빠져들게 하는
또 오늘

쇠똥구리 길 위에서

짐이 갈수록 커진다
허리는 점점 더 꼬부라진다

아지랑이처럼 보이는
된 서리 같은 늪의 끝자락
뒤집히고 꼬꾸라져도

집에서 기다리는 어린 아이의 웃음소리처럼
멀리서 가물거리는 종소리
행진하는 북소리도 들리는 듯하다

허리 못 펴는 리어카 같아도
검게 그을린 얼굴에 구슬땀이 흘러도

아버지의 기도는
더욱 힘을 돋운다

선물

시든 꽃도 꽃이라는
눈 맑은 별의 이야기
이제야 들었나 보다

딸이 불쑥 들어와 화장품을 준다
저는 언제나 민낯이면서
아흔 고개 목전의 나에게
꽃단장하란다

보청기 안 낀다고
입찬소리 날을 새우더니

녹음기 틀어 놓은 것처럼
어쩜 그리 똑같은 말
자꾸 하냐고 하더니

제 아들의 닮은 꼴 잔소리가
죽비를 쳤나보다

결핍

1.

큰 대어를 찾지 않고
작은 송사리를 찾는다
다른 사람들과 닮고 싶어
양말구멍처럼 조그마한 빈틈을
채우고 싶어 하는 마음이다

연리지는 아니어도 이따금
산중에서 길을 잃어도
서로 등대고 기대 앉아
따스한 체온을 나누고 싶은 마음 한 자락이
너무 큰 욕심이 아니길 바라는

혼자 장 보고 홀로 밥을 먹는 생활이 낯설지 않은 세상
우리는 왜 이리도 쓸쓸한 그림자를 드리우는
길을 걷게 되었을까

2.

오빠가 쌀을 가져다준다는데 전에 받아 놓은 쌀 포대가

뜯기기만 한 채 주방 구석에 기대어 있다
가볍게 한 끼 해결하기 좋은 빵과 라면에게
자리를 내준 주연 대신
숟가락을 든 채 조연인 TV만 본다

내 허전한 마음을 물려주고 싶지 않아
아들에게 아기를 더 낳으라고 하니
어떻게 기르냐는 맞바람이 분다

누구도 대신해 줄 수 없는
빈 공간을 참고 견디라는 듯이
목을 움츠리게 하는 바람이 분다

요놈

은밀–하고 깊숙한 골짜기에 숨어
엿보다
눈치도 채지 못한 사이에 치고 나와
맹렬하게 공격을 감행하는 게릴라
탈피를 거듭하여 다품종 대량생산 몸집을 부풀려
코에서 머리에서 동시다발적인
막무가내 전술을 펼치는 전략가가 되었나
트로이 목마까지 배치하였다

그러나 대나무는
흔들릴지라도 쓰러지진 않는다

은근슬쩍 꼬리를 내리고야 말
바이러스 요놈

눈

친구들이 온다
소리 없는 비트박스에 맞춰
춤을 추며
라임을 넣으며

친구들과 한데 어울려 몸과 몸의 경계를 허문다
모난 마음 둥그렇게 다듬어 교집합 화합의 장이 되고
합집합 물로 흘러가는 대장정의 걸음을 내딛는다

서로의 지문을 건드리진 않는다

웅크린 저 사람 모서리각이 너무 뾰족하였으므로
누구에게도 녹아들지 못한 채
세포막 두께에 살을 찌우고
경계와 경계사이
담장을 더 높이 쌓으려고만 한다

마음의 뼈는 시간의 궤적만으로
녹지 않는다는 것을 모르나보다

할거割據

겨울로 접어든 밤
볼 가운데에 붉은 꽃 연지를 찍어 준 모기
아버지 팔짱을 끼고 예식장에 들어설 때도 찍지 않았던
핏기 없는 얼굴이 환해졌다
모기는 성에 안 찼는지
오늘밤에도 추근거리며 제가 무슨 남자라도 되는 양
귓속말을 속삭이며 잠 못 들게 한다
어쩌면 윤회의 틀 속에서 환생하여
저 놈이 동화 속 왕자처럼 잘생긴 남자로 바뀐다면
내가 저 모기가 되는 건 아닌지

시계를 보니 23시23분
새벽에 나가야 하는데
저 작은 몸으로 쉬지 않는 걸 보니
저 안에 거인이 살고 있는지도 모를 일

끈질긴 동거의 요구
한겨울에도 둥지를 틀고 눌러 앉으려나보다
내 작은 방을 어떻게 나누어 쓸지

협상을 하자는 얘기인지
요즘 뜨고 있는
'집 나누어 쓰기' 프로그램에 참여 하자고?

카멜레온

아줌마의 호기심어린 시선이 가득하다

긴 혀로 채서 꿀꺽 삼켜버린다
그의 뱃속에서 변색되며 밤을 넘긴다
TV는 카멜레온이다

해바리기 피고 또 피고

아침의 전화벨 소리
간밤의 꿈자리가 키운 불안한 새가슴
널뛰기를 한다

엄마 모시고 병원 가는 길
계단 많은 곳이 위험지대라며
가지 않겠다는 다짐을
받고 또 받아낸다

엄마 얼굴에 어둠이 스치는 순간
아기천사를 가시로 찌른
아픈 파동이 인다

점심 같이 먹자 해도
영양제 맞고 가래도
주간 보호 시설로 데려다 달라는 엄마

잃었던 아기 다시 찾은 마음
바람이 잠든 호수이다

유리문 안으로 들어가다 또
“고마워”라며 손 흔드는 엄마
얼굴이 꽃등이다

나 혼자 해바라기가 된 건 아니었다

사과

체면 차려 무엇 하랴
이래서 좋은거야
나이 듦이란

거추장스러운 눈치
다 거두어낸

빨갛게 달아오른
민낯도 당당한 지금

살짝
시큼한 마음 들키고 만다

달력

시간제 일일 노동자들만 와글와글

아무리 노력해도
하루살이 인생

서로 의지하면서
어떤 아픔도 끌어안고 함께 가는 길

초승달이 말을 걸어 주고
때론 보름달이 길동무 되어준다

혼자가 아니다

귀 어둔 나에게
텔레비전은 그저 그림상자일뿐

자식들은 매미허물 같은
제 그림자만 남겨놓고
날아간 지 오래

늘 부재중이라고 낯선 여자가
내 대신 전한다는 전화

허전한 공기와
컴컴한 어둠이
가장 가까운 이웃이다

무한히 긴 시간과 같이 사니
모든 경계가 허물어지고
바람 없는 고요가 깃든다

탄생에서 성장으로

조그만 알을 깨고
물고기와 붕새가 나온 것처럼

바오밥 나무도 맹그로브 숲도
조그만 씨앗이 지구 심장에 기대어
젖을 빨면서 뿌리를 내려
한 생을 살고 있지

아기가 뒤집기를 하고
두 손 두 발 들어
허공을 얼마나 많이 차던지

배밀이를 시작한다

아기는 원고지를 구기고도
다시 쓰는 찬란한 우주의 빛을 볼테지

원점인 고향
보고픈 마음도
책갈피 사이사이를 수놓겠지

텃밭

몇 푼 안 되는 주머니 속 돈 꺼내
나눠 주시는 어머니
줄 수 있는 것 다 주고도
더 주고 싶어 하는
마르지 않는 샘물
수학적 계산
끼어들 수 없는 단 한 자리
어머니 가슴 속 자식 사랑 텃밭
어떤 사랑인들 이토록
향기로운 꽃밭일 수 있을까
뫼비우스 띠처럼
한도 끝도 없는 우주를 닮은
단 하나의 사랑

낯선 발걸음

어머니 마음에는 여든 다섯 번 꼭꼭 묶은
매듭이 들어 있다
아무도 풀 수 없는
당신도 풀지 못하는 매듭이다

주간 보호시설에
빠지는 일 없이
열심히 다니는 착실한 모범생

직접 만든 작품 자랑스럽게 보여주며
활짝 웃는 해맑은 소녀

할 건 다 하면서도 매듭 꼭꼭 묶으며
여전히 내 등 뒤에 숨어 수줍게 웃는 동심이다

나는 아직 어린 아이이고 싶은데
엄마의 젊은 날은 뜬 구름같다

부레옥잠

사뭇 바다인척 일렁이는 메콩 강
맹그로브 숲이 강의 표지석
세파에 떠밀려
기웃기웃
정착하지 못하는 소시민 무리

짐짓 물고기 부레 집을 짓고
창을 열어 햇볕을 받아 담는다

이사를 수없이 하면서도
내 가족만은 꼭 껴안고 산다

콧노래로 불러보는 연가
푸르게 살아나
강물에 유영하는 물고기 비늘로 반짝인다

| 제3부 |

시방

요지경 체험기

이것만 보여주면 되냐고 딸에게
자꾸 묻는다
이걸로 머리 해도 되냐고
딸이 밥도 먹고 옷도 사 입고 병원비도 내고
뭐든지 다 된다고 하는데
믿어지지 않는다
얘가 뭔소리하는겨? 시방

나는 호기심으로 주머니 속 물건을 자꾸 만져본다
지금 당장 가봐야겠다 파마하러

예전에 딸이 은행 구석 기계에서 돈 찾는 걸
가르쳐 주려 할 때는
끝내 못 배웠었다
뭘 그리도 자꾸 누르라고 하는지
땅띔도 못하겠더니

이 아기손바닥보다 작고 납작한 것이 무엇이기에
그런 마술을 부리는지

그냥 빳빳한 명함이구만
어떻게 이런 일이 있다지?
예금통장보다 편한 거라고?

이게 돈의 대리인이란다

내 평생에 이런 일이 생길 줄이야
그냥 보여만 주면 된다니까
한 번 해보지 뭐
돈 한 푼 없이 미용실로 간다

굴렁쇠 호기심이 굴러간다

버짐나무

지친 몸으로 버스를 기다리다
아픈 허리를 펴 버짐나무를 올려다본다

상사의 고함에 주눅 들고 바이어에게 찢겨
누더기가 된 마음엔 구름이 잔뜩
여기 저기 삐걱거리며
내 한몸 지탱하기도
버거워 하는 나

누덕누덕 기운 옷 입은
몸으로도
거뜬히 하늘을 받치고
사랑의 손길 놓지 않는
버짐나무 같은
내 어머니

흔들리지 않고
온 가족을 건강하게 지켜내신 어머니처럼

감당하기 어려울지라도
꿋꿋하게 버텨내고 이겨내어
날개를 활짝 펴고
독수리처럼
세계로
우주로

누구를 위한 걸음일까

후끈 달아오른 불덩어리 몸
하루의 나른한
피로를 녹이고

따끈따끈한 밥에
국까지 보글보글 끓여주며
한평생 헌신은
벌거벗은 재로 남아서도 이어져
바스러지며
빙판길 안전 카펫이 되기도 하고

작은 밑불도 되지 못한 나를
깨달음에 눈뜨게 하는
연탄재 한 덩이

자장가

남자는 조용조용 책을 읽어준다
좀처럼 잠들지 않는 아이는
말똥말똥한 눈으로 책을 본다
아이에게 글씨가 개미떼로 보일까 잠시 생각한다
점점 더 부드럽게
빠르지 않게
속삭이듯이…

남자가 먼저 잠든다

날마다 같은 책을 읽어주는 스마트폰

안개 그림

아파트가 안개바다 위에 둥둥
섬이 되었다

아들이 출근하는 새벽 여섯시
우르르 안개의 촉수들이
축축하게 진액으로 덮어버린
무채색 인간
태우고 갈 버스 불빛까지 지워져
털털털 투덜거림으로만
살아있음을 알린다

강가로 나가자 내 주위를 삽시간에
하얀 벽이 빙 둘러선다

바로 옆에 유일하게 보이는 옷 벗은 배롱나무도
초점 놓친 사진이 되고
회색 유리에 얼굴 감춘
여자처럼
무게 없는 종이로 서 있다

안개는 지울 것 다 지우고
여백으로 남아

면벽 수행하는
마음처럼
더 맑아지는
이야기를 담고 싶은 걸까

장난감이 된 빨래방망이

모두모두 척척
마술처럼 무엇이나 뚝딱 만들어주었던 아버지
박달나무로 사분의 일 바이올린처럼 앙증맞게
내 전용 빨래방망이도 만들어 주었지

빨래는 두드리지 않고
고무줄 끊고 도망가는
개구쟁이를 막기 위한 무기가 되었지

출근길에 맡긴 손자 위해
할아버지는 긴 칼, 팽이, 윷가락, 썰매
만들어주며 놀고
다듬이질하는 할머니 옆에서
꼬마는 옷가지를 빨래방망이로 두드리고
할아버지는 옷 아프겠다 살살 살살

어린아이 마음으로 놀고 있지
어린아이 마음으로

편지

전화기를 건너온 아들의
목소리가 한잠 잔 누에 같다

부축해줄 도구 없는 거리

아들의 빈 둥지 앞에는
홍도 꽃이 한창이고
튤립도 형형색색 꽃 잔치

바람이 봄소식 들이고
박새가 소풍을 와 숨바꼭질하는 뜰

아들에게 뜰 안의 봄소식 담은
편지를 쓰다
라일락 꽃 향기를 동봉한다

불쏘시개

아궁이에 불을 지피려
후후 분다

불쏘시개였다고 말할 수 있을까 내가

자식의 내일에 잘 포장된 도로를 만들어 주기 위해
미증유의 어려운 문제풀이 마다하지 않았고
자동화된 현대를 버무린 비빔밥 속에
어우러지는 나물로 살려 무동력의 밤에도 기름을 쳤다

심장이 진한 포옹 같은 이상신호로
새벽을 열면

의사는 “이제 그럴 때가 되었어요”
라며 짧게 추상적인 한마디로
요약해 준다

정작 내 몸은 사그라져가는
불씨가 되고 있는 걸

까맣게 몰랐다는 것인지

잔 고장 많은 자동차 같지만
시동을 다시 걸어 본다

가우디처럼 작은 잎사귀에도
사랑의 의미를 불 지피려 풀무질을 한다

그림자에도 무게가 있다

일요일 없이 짜인 직장인 달력
월화수목 금금금
거품 같은 경기가 지하로 꺼져가며
고액연봉 무지개 지운 자리에 까만 내일
우후죽순 야생초처럼
드세게 뿌리내린다

퇴근 시간 17시 해지기 전으로 정해 놓은 건
외모 치장용

무 임금 초과근무로 내모는 사회

모처럼 맞은 휴일
아기가 잠든 틈에
장난감 꼼꼼히 닦으며
놀아주고 싶은 아빠의 마음을 미리 저금해 두고
쭈그려 앉아 아기 옷, 걸레까지 손빨래한다

직장에서보다 더 긴 하루

가장의 뒷모습은
그림자에도
무게가 있다

하루

벚꽃이 핀 후
장맛비처럼 비가 제집 드나들 듯이 온다

벚꽃은 소나기이다

목덜미를 잡은 채 놓아주지 않는 서류더미가,
형광등 불빛이 벽이 되어
찰나의 봄 마중조차 허락하지 않았다

자칫 길이 어긋나 만나지 못한 친구처럼
몹시도 서운하였다

막차는 잰걸음으로 귀가를 서둘렀고
천둥번개까지 동반하고
예고도 없이 우루루 몰려든 봄밤의 비에
흠씬 두들겨 맞으며
터벅터벅 젖고 젖어간다

꽃눈처럼 하루를 또 떨군다

시골길 타박타박

노래하며 굽이쳐 흐르는 강
친구처럼 사이좋게
강가 시골길도 굽이굽이

아버지 손잡고
꼬마도 타박타박

뙤약볕 아래
덥지도 않은지
흙먼지를 겨울외투처럼 겹쳐 입은
키다리 미루나무는
진작부터 마중 나와
손님을 기다리다
줄지어 손을 흔들어 환영합니다

아버지는 바위처럼 넓은 등을
꼬마에게 내밉니다

즐거운 노래에

강물이 반주를 넣어주는
정다운 고향길이지요

고향에 가는 날이면
마음이 앞장서 그 길을 걷습니다

음악회

뻐꾸기가 잠든 시간
초록커튼도 암막을 쳐준 후
꾀꼬리 되어 노래하며 놀다
막걸리잔을 내려놓고 나니
개구리가 합창회를 엽니다
맹꽁이도 화음을 넣은 노래가
야외음악당에 싸리 꽃 같은 수를 놓습니다
바깥마당 앞에 논을 가진 고향집이
여름방학마다 안겨주던 음악회입니다

가만히 귀 기울여도 도시의 숲에서는
들리지 않던 노래비에
흠뻑 젖어도 좋은 밤입니다
한 줄금 별도 쏟아집니다

닿다

엄마 품에 안기고 싶었습니다
저문 해가 된 몸을
가슴에 품어주는 엄마는
보약보다 좋은 명약입니다

계약직 단기 일자리는
복종, 복종만 요구하는 사역장입니다
내 이름은 끼워 넣기가 되지 않는 정보처럼
소금쟁이로 삽니다

엄마 없는 서울의 밤
그림자나마 늘여
엄마에게 가 닿으려 합니다

마음은 하루에도 수없이 KTX를 타고 달려갑니다

1박 2일 단상

엄마와 동생과 스며든 옥화대 숲속 집
어수선하게 짐은 놓아 둔 채
소나무 푸른 천 한 겹
참나무 잔가지로 짠 레이스 한 겹
사이사이 하늘 색 한 겹
수직으로 반짝이는 옥구슬 비 한 겹
드리운 커튼을 흔드는 바람의 노래에 젖어든다
발코니 긴 의자 위에 마실 온 지바구리가 두리번거리고
나는 반가운 손님을 위한 만찬을 준비한다

바리바리 싸온 짐을 푼다
며칠 묵어도 부족하지 않을 만큼
냉장고 배가 부르다
동생이 마련해준 환갑잔치상
접힐 줄 모르고
훙건하게 익어간다
셋이어서 더 좋은 1박 2일

엄마는 여기에서 살고 싶단다
엄마는 여기에서 살고 싶다 하신다

특별한 식사

특별한 시간이었던
수녀님과의 점심식사
화장기 없는 수녀님의 얼굴엔
욕심의 그림자도 없어
무척 맑고 밝게 빛났다
명랑한 새의 노래 같은 목소리에
절로 웃음이
비눗방울처럼 피어오르다
무지개를 그리며 터졌다
온화하면서도
세상을 향한 성직자의 아우라가
움츠렸던 내 어깨까지
편안하게 하여
보기 드문 참 인생의 길에 동승하고 싶다는 생각이 올라와
오래오래 머무르고 있다

맑은 물이 노래하며 흐르고 있다

화룡점정을 찍다

출판에 들어가기 전에
앞장에 멋지게
들어가는 말을 일필휘지로 휘호하라고 한다
빙 둘러선 사람들 가운데서
용기를 내라며 선생님이 격려해 주신다
글감 생각나지 않고
붓은 갈지자를 그리는데
먹물 또한 흐리다
시의 의미를 함축한 한마디
골똘히 생각하다
'올 때도 갈 때도 한몸
나누며 살자'
글자는 여전히 비틀거려도
염소들은 가파른 산 등줄기 타고 힘차게 달려 올라가며
휘파람을 분다

바람 든 꿈이었다

날개 편 꾀꼬리 노래하며
날아오르는 날은 아직 저 멀리에

밖을 안은 집

책상 앞에 앉아 있자니
입김이 안개 그림을 그린다
안이 밖이고 밖이 안인 집
벽은 종이호랑이 같은 허수아비
구름은 햇볕 지우기에 나서고
원룸도 한몫 거들어
폭설처럼 날아드는 한랭전선에
맥을 놓는다

춥다는 말이 뛰어다니고
ㅊㅊㅊ 춥춥춥 다다다
비트박스에 발맞춰
그래도 집은 집이다 집 아닌 집이다 벽이 있는 건 집이다
랩이 따라 다닌다

제 역할 못하면서도 당당하기만 하여
보호자는 자기뿐이라고
주장하는 집

열을 열로서 다스려보라고 권한다

씨앗을 키우는 인큐베이터로서
아주 중요한 일을
열심히 하고 있다고

KTX에서 완행열차로 걷다

적막을 싣고 초고속으로 달리는 KTX 객실에서
대전발 0시50분 완행열차에
무작정 몸을 실었던
학창시절이 걷는다

대합실 안에는 수다스럽게
살아온 궤적의 소설을 논하는 사람들이
안개 같은 담배연기 속에서
독한 깡 소주 병나발 불며
찌릿하게 고개를 넘고 있다

완행열차
한 쪽에서는 젊은이들이 기타 치며
노래로 가슴을 쓰다듬고
손금을 보아 준다며 나이 지긋한 아저씨가
엉터리 점쟁이처럼 뜬구름 운명론을 펼쳐놓고
죽어도 고 고스톱 판 졸음을 쫓고 있다

'잘 있거라 나는 간다

이별의 말도 없이……
대전발 0시50분'*

완행열차는 아직 종착역이 멀었는데
KTX는 몸을 비우기 시작한다
내 삶도 한입 베어 먹은 보름달 빵이 되어간다

---

* 대전발 0시50분이라는 노래의 가사

구름 위를 걷는 여인

엄마 손잡고 떠난 여행길

엄마 몸을 구석구석 닦아드리며
처음으로 벗은 엄마 몸을 본다
내게 평생 숨겨온 비밀

백옥 같은 엄마의 살결에서
선생님이 언니냐고 묻던
물 오른 버드나무 엄마를 본다

고운 분칠에 앵두 같은 루주까지
머리도 만져 드리고 나니
영락없는 새색시이다

고목에 꽃 피운 매화
구름 위를 걷는 내 어머니

| 제4부 |

얼른 와

썰매를 타고 달리는 동화

봄 여름 가을 갈아엎은 흙에
상추며 쑥갓이며 열무 배추……
싱싱한 먹거리들을
콩나물처럼 쑥쑥 키우던 뜰은
겨울이면 얼음판이 되어
소박한 아이들의 시끌시끌한 웃음을
날마다 퍼올리고 있었다

아버지의 정성과 사랑이 깃든
썰매의 시대가 가고

인공 얼음판 위에서 나는
아들이 땀 흘리며 끌어주는
플라스틱 썰매와 스테인리스썰매
모양도 색도 다양한 낯선 풍경위에
손자가 웃음으로 깔깔깔 쏟아놓는
동화를 스마트폰에 열심히 저장하고 있다

지워지지 않는 기록유산을 작성하면서

나의 유년을 동화처럼 가꾸어 준
추억 속 아버지의 환한 얼굴을
따듯한 햇볕 속에
그려보고 있다

둥구나무 생각에 젖다

마을 입구에서 생생한 역사의 증인으로 살면서
아이들의 웃음소리에 나도 덩달아
허풍선이처럼 부풀 때가 있었지요

동네 가운데 울타리 없는 넓은 마당이 아이들의 놀이터
해가 집으로 돌아갈 즈음 아이들도 엄마의 목소리 좇아
집으로 갔지요.

땅따먹기, 자치기, 제기차기, 술래잡기…
날마다 같은 놀이를 해도
심심할 틈 없고, 방학숙제 같은 건 뒤로 재껴놓았지요

아이들은 마음껏 뛰어놀며 쑥쑥

스러져가는 그 집 한 켠
나만큼이나 오래 한자리에서 수문장 노릇을 했을
감나무와 한담을 나누게 되었을 때
우리들의 지나온 길을
더듬으며 서로 외로운 마음을

위로했는데

이제 나 혼자 남아
황량한 들판처럼 변한
무미건조한 풍경을 볼 수밖에 없어도
좋았던 기억을 꺼내보며
언제 들어도 그저 좋은 어린 아이의 노래를 떠올립니다
깨알처럼 재미가 쏟아지는
동화를 써봅니다

날지 않는 새

한 쪽 발만 살짝 떼어 보다가 굳어진
날개 잃은 새처럼 운신의 폭 좁아진 겁쟁이
희멀건 눈동자로
움츠린 뒷모습 그림자로 남기고 떠나는 여자를
바라만보더니
기다리고 기다린다고 쓰고 또 쓴다
허공에 띄우는 편지를
순간이 이렇게 길어질 수도 있다는 걸 몰랐다*면서

돌이켜지지 않는 지난날을 놓지 못한다
바람처럼 지나간 날들을

---

* 영화 아비정전 소여진

취업전선에 서다

작은 발로 쉬지 않고
낮은 포복으로 기고 또 기지 거북이 되어
폭풍우를 견디기 위한 걸음걸음
가던 길이 눈앞에서 허물어진다 해도 멈추지 않지
웅덩이는 늪처럼 허우적이게 하고
벗어나기 힘들어도 주저앉지는 않아
초점 없는 불빛은 길을 잃어 숲으로 향하게 하여도
포기란 없어
바다로 바다로 가고야 말거야
포기란 없어
엄마 아빠처럼
거센 풍랑도 이겨낼거야
수평선을 가르며 포말을 일으키는 고래가 되고 싶어

강물을 거슬러 오르려

야근이 일상인 틈을 벗어나
뜰에 나가보니
저희끼리 소리도 없이
봄옷을 지어 입고 있다
원색적인 미소만 짓는
수선, 히아신스와 크로커스
맑은 샘물 같은
향기로 소박한 옷매무세를 가다듬는 미선
보호자로 나선
지빠귀가 감나무 위에 버티고 앉아 있다
두서없는 산문 같아도 따스한 엄마 마음 담은 시를 짓는다

엄마가 자리비운 부엌에서
도넛에 오므라이스
특식을 해 먹자고
실수에 실수를 더해 웃음이 팝콘 튀기던 봄날처럼
스스로 돌볼 만큼
참 많이 컸다

저희 손으로 밥상도
잘 차렸다

연어처럼
강물을 거슬러 오르는 힘을 키운다

동반자

구부정한 아내가 팔짱을 낀다
바짝 마른 장작 같은 낯선 질감에
이마의 석 삼자 줄이 일그러졌다 펴진다
활짝 핀 꽃 같은 시절 이후
우린 두 명의 보병처럼 짧은 일렬종대 줄로
나는 뒷짐 지고 저벅저벅
아내는 아이처럼 종종걸음이었다

아내가 병원 로고와 이름을 가득 쓴 움직이는 간판이 되어
의사가 내준 숙제를 한다
이제는 아내의 한 발짝 한 발짝 시간을
느리게 미는 리듬에
내가 박자 맞춰
천천히 아주 천천히
병원 복도에 그림자 붓 자국을 낸다

전에는 아내가 병원에 간다는 말을
라디오 뉴스쯤으로 여겼고
같은 뉴스 자꾸 들을 때처럼

바튼 기침소리조차 성가시기만 했다

이렇게 짙은 어둠 속에 갇히게 될 줄이야
핏기 없는 얼굴이 하얀 종이처럼
윤기를 잃은 데다
입술까지 탔다

아내는 들판에 홀로 핀 꽃처럼 쓸쓸한
바람 앞의 등불
때 늦은 내 후회의 발자국 따라 써보는 소망
삼베주머니에 들어 있는 성냥*처럼
아내도 말쑥해지는 날이 왔으면

---

* 속담 삼베주머니에 성냥들었다: 허술한 겉모양과 달리 속엔 말쑥한 것이 들어 있다는 표현

숲이라는 도시

간이역 같은 봄을 들이는 숲의 도시는
대충 대충을 모른다
서로 이익을 더 차지하려
치고 박지 않는
아나바다 장터처럼
의좋은 이웃들의 나눔으로
건설한다

모두 아무렇게나를 배우지 않는다

사람들처럼
잡동사니들로 절그럭거리지 않고

새싹들에게
햇빛을 비처럼 나누어주며

하나로 껴안고 비바람 가려주는
생명의 도시

나도 꽃눈 속에
스미어 녹고 싶은 봄날이다

밤이 쓰는 시

가로등도 졸고 있는지
어둠의 이불을 덮었다

발자국 소리를 내지 않으려
가습기 살금살금 일하는 소리도
고요를 거스르는 드럼 소리 같다

나는 고치 속
번데기처럼
이불 속에 웅크리고
짙은 립스틱 색깔 넣은 펜 자국을
공책갈피에 새긴다

이슥한 골짜기
자음모음 끌어안고
달도 밤을 지새나보다

낮은 자리 높은 자리 무관하다*

지문이 지워지도록 일만 하였던 엄마
습관처럼 갈비탕 푹 덜어주신다

큰어머니 밑에서
편한 잠 한 번 못 자던 시집살이
판소리처럼 풀어내시더니

귀문 닫고 말문 닫아

이래도 응
저래도 응
한 마디로 족하다

엄마는 문 닫아 걸고
마음을 거울처럼 닦고 있었나보다
도인이 되었나보다

---

* 장자 제2편 사물을 고르게 하다

등불

한파가 몰려와
바다까지 꽁꽁 얼린 경기
물가는 하늘을 찌르는 송곳
월급봉투는 다이어트 다이어트

덜덜거리는 낡은 트럭
잇몸 드러낸 웃음으로
아빠를 부르며
덥석 안기는 아이들이
기름 쳐준 몸 일으켜
새벽안개를 깨운다

가족 사랑이
내 앞길 꺼지지 않는 등불이다

밤 무지개

외길 통로를 막고 있는
눈덩이 같은
가래 치우는 소리가
새벽을 깨운다

그늘진 골목에 쌓여있는 눈처럼
자리 잡고 잠의 옷자락 잡는다

온몸을 떨며 시동 거는 트럭처럼
요동치며 토하는 고함
고요에 한 획을 긋는다
콜록콜록

부스스 눈떠 동공을 확장한
밤이 펼쳐준 하얀 도화지
이곳에도 무지개는 날개를 편다

드럼 세탁기

두리번거린다
호기심 어린 눈으로

오른쪽 왼쪽으로 갈피를 잡지 못하여
빙빙 돈다

부산스럽게 소리지르며 놀다

조용조용 잠든다

드디어 죽비 맞은
시 한 편
정갈하다

나목의 봄맞이

벌거벗은 나무가 겨울햇볕
난롯불처럼 쬔다

사직서를 잘 다니던 직장에 써놓고 나온 건
진군나팔소리 힘차게
제2막을 위한 출발이었으나
개인사업 구상은 장애물에 가로 막혔고
일자리는 번번이 기간제한 벽이 가로막았다

취업 알선해준다는
대학부설 한 학기 코스 멘토는
부활 같은 창업을 허공의 메아리처럼 날릴 뿐
어디에도 쉬이 뿌리내리지 못하는
씨앗 같은 겨울이 이어지고 있다

그래도 시를 배우고, 일본어 중국어…
재속의 불씨 깨우려는 개울물 노래를
목청 높여 부르게 하려

나목에 움트는 기지개가 또 시작된다
포기할 수 없는 나목의 다짐이래도 좋겠다

밥 잘 짓는 주부가 되어

"맛있는 취사를 시작합니다"

주부가 번거로워 하는 부엌일을 하며
너무 친절한가
맛있는 일이라고
참 근사하게 시적으로 말한다

그런데 문 밖에는 식당이 줄지어 서서 기다리고
편의점마다 색스러운 도시락이 넘치고
반찬가게에서 반찬이 불티나게 팔리는 까닭은 무엇일까

주부는 산업현장에서
깃발을 높이 흔들며
힘차게 뛰기 바쁘고

요즘 남자 요색남 반열에 올라야
장가 갈 수 있다지

이웃 나라 집안에서는 부엌이 쫓겨났다지

아이들 키워내고
흩어졌던 가족
한자리에 모여 앉게 하는 보람찬 일
"맛있는 밥을 잘 지었습니다"
큰소리로 말한다

이불

구름도 비켜 지나간 날
옥상에서 햇볕을 온몸으로 안고 들어와
홀로 누운 지 며칠

기척도 없이 감싸 안아
잘 간직했던
하늘 냄새를 나누어 주고 싶은 이
소식 두절이다

오대양을 누비며 챔질되지 않는
수출을 위해 출국한 뒤
어느 나라에서
얼마나 땀을 흘리는지

바람만 일어도 기도하는
엄마 마음을 소중하게 보관 중이다

길고 긴 하루도 강물처럼 흐르고

단순노동으로 삶의 상처를
꿰매는 직장인처럼
허리 펼 틈 주지 않고
색인목록을
○○○○ 제○○○호… 쓰며
손가락의 손목의 팔꿈치의
…
하소연도 이름 없는 묘비처럼
소리를 삼키는
실습생의 하루 또 하루

짧은 동거이기에
마음을 다 열어주지 않는
유리구슬처럼
따로 구르는
물과 기름 같은
차가운 공기가 가득하다

야윈 발걸음으로도 벽을 뚫을 수 있다는 꿈을 안고

오늘도 허리 꺾인 달빛지고
밤길을 간다

아직 봄은 그대로

주간보호시설에 다니시는 엄마
이제는 우리 집 전화번호도 잊었다

다시 알려드려도
금방 잊어버리고
딴전 피우는 아이 같더니

옷을 고를 때는
마음에 쏙 들지 않는 흠을 잡아낸다
족집게처럼

이건 이래서 안 되고…
돌고 돌다 원점으로 와
아까 그게 제일 낫네

이럴 때면 엄마는
봄날로 돌아가시나보다
진달래처럼 화사한 엄마가
활짝 웃는다

마른 강을 흐르는 물로

시간을 채치듯이 쪼개
KTX를 타고 달려도 부족한
24시간의 틈새
어디에도 전화 한 통 할
여력을 남겨 놓지 않고
불살라 사그라지게 하는 직업전선
돈키호테가 되어
뒤돌아 볼 새 없이
채찍을 더 휘두르며 볼트와 너트를 조이는
계약직 시간제 근로자

새벽이슬 맞으며
별빛을 동무삼아
낙타처럼 바늘구멍을 향한
풀무질을 한다

사막에도 꽃피는 날이 오게
만들고 싶어
쇠똥구리로 산다

다리위의 사색

다리 위의 긴 의자에
빨래가 된 나를 넌다

길고양이처럼
유랑민처럼
이곳저곳 기웃거리다
발견한 쉼터

억새가 피기 시작한
먼 산자락까지
안고 들어오는 풍경이
한눈에 드는 정원이 되어주고

숨 가쁘게 지나다니는
군상들의 모습이 파노라마처럼
심심한 마음을 달래준다
길게 누워 신문을
뒤적이다 유리천장 같은
하늘을 본다

하얀 뭉게구름처럼
두둥실 유유자적
자유로운 몸
그지없이 좋다

걸리는 것 없는 생각이
물처럼 흐른다

골목길 풍경화

볕 잘 드는 곳을 찾기 힘들다
그늘공장 원룸이 나란히 줄을 선
좁은 골목길
컴컴한 바람만 휩쓸고
영점 일 평의
틈에 햇볕이 잠깐 지나가던 발걸음
멈추고 난로처럼 따듯하게
웅크리고 있던 할머니 얼굴을
어루만져 준다

택배차가 잠깐 멈춰섰다
황급히 자리를 뜨고
길고양이가 지나가며 좋은 자리
뺏겼다는 듯이 흘끔 본다

전에는 온종일 안아주다 가던
볕조차 발길 끊어
불 지핀지 오래된 집안
북극 얼음골이다

폐지를 줍듯이
원룸이 쓰다만 별을 찾아 나선다

한겨울에 골밀도 높은 봄볕을 찾는다

문 열어 줄께

나는 너의 겨울외투이고 싶다

지퍼를 목까지 올려주고
모자까지 씌워주고 싶다

너의 꽁꽁 언 여린 손을 녹여주며

시린 겨울에도
꽃의 체온,
따스한 봄을 안겨주고 싶다

저리 눈이 내리고 있는데

손을 놓고 싶지 않은
애인처럼
애완견처럼

수행스님처럼
바위를 굴리는 시지프스처럼

입시생처럼
불을 끄려 물 한 방울을 나르는 벌새처럼

입술이 터지고 코피가 나도
마지막 남은 바우처 같은 힘을 내어본다

아침이 와도 여전히 삽질을 계속한다

길을 묻다

정답은 여러 개 중
어느 하나이리라

다트의 과녁 맞추기, 활쏘기
어디 그리 쉽던가

자의 등을 빌리지 못한 직선
그물 사이를 빠져나간 물고기
포물선을 그리다 빗나가는 돌멩이
고공활강을 해도 먹이를 놓치고 마는 솔개
성공보다 실패가 많은 실험

여러 갈래 길 중 어느 하나를 택하는
내 삶의 길도
모호하긴 마찬가지

아침 밥상머리 짧은 시간 조차
대화를 잃어가는
사춘기 아들과 나의 문제가 숙제로 남았는데

숨 가쁘게 돌아가는 컨베이어가 한마디 한다

얽힌 실타래는 처음부터 풀어야 한다고

소통

엄마와 나의 관계를 가로 막는
주말특근 걸림돌을 비껴 만났다
헤어지는 시간이면
엄마는
오늘도 이렇게 가면 되는 거지? 라며
생의 치부책에서
하루를 뺀다

바지런하고 솜씨 좋던 엄마가 변해가는 모습을 본 밤이면
꿈속에서 미로를 헤매다
늘 어린 시절 살던 집에 가 있다

그 집 뜰에는,
구석구석까지 봄꽃이 가득하고

큰 놈이 작은 놈을 작은 놈이 큰 놈을
쫄래쫄래 따라다니며 장난을 일삼는 강이지들
양지바른 뜰에서 볍씨를 고르는 아버지
옆에서 키질을 하는 엄마

부모님의 등에 기대어
웃음꽃 피워내는 꼬마

나는 낮에 엄마에게 하지 못한 말을 한다
“엄마 사랑해요”
어리광을 섞어찌개처럼 넣어서

빛바랜 사진 한 장

어깨동무를 하고 한 쪽 팔로는
각자의 M5(엠 파이브)소총을 곧추 세우고
러닝셔츠 차림으로 병사 둘이 소풍이라도 나온 듯이
풀밭에 엎드려 찍은 빛바랜 흑백 사진

"집에 가서 아버지께 내 이름 대고 아느냐고 여쭤봐라"

아버지는 앨범을 꺼내셨고

아버지 얼굴이 나 때문에 홍당무가 되면 어쩌나
건성으로 들고 다니던 가방 속 책이 말을 건다
교과서도 동화책처럼 재미있구나

고무줄놀이 물놀이…보다 책들이 먼저 나를 불러
같이 놀자고 한다

수학여행 가는 날 역까지 데려다 주신 아버지와
선생님이 서로 이름을 부르며 뛰어가

어깨를 두드리며 악수를 한다

오래 간직될 또 한 장의 사진으로 남는다

많을수록 좋은 딸

조카가 뛰어와 반갑게 포옹한다
늘 밝은 얼굴 꾀꼬리가
"이모!" 외치며 안겨오면
있지도 않은 딸 더 그립다

조카가 소주를 주문한다
어렵게 계약직으로 취업한지 얼마 되지 않은 아가씨가
소주를 단 번에 홀짝!
얼굴을 찡그리면서도 술맛 땡기는 날이라며
회식 때 배웠단다
사회생활 하려면
술도 마실 줄 알아야 한다는 말 안주로 얹어준다

불가능도 가능하게 만들 수 있을 것 같은
사회 초년생 원숭이띠 조카에게 붙여준 별명
술 먹는 원숭이! 술원!

할머니와 이모에게 한턱 낸 날
취기 오른 조카의 명랑한 건배사에

술이 술술
"건강을 위하여!"

딸과 어울려 노는 여동생 가족과 한 잔하며
나도 딸을 불러내보고 싶다
나긋나긋 수양버들 같은

추상화

손자가 내 그림 위에 새 옷을 입혔다
굳이 그 캔버스에 그림을 그리더니

형형색색 물감으로 옷 입히다
온통 검정 옷을 입혀 놓았다

나는 사인하라며
붓을 함께 잡고 이름을 썼다
'정성하'
제 이름 읽을 줄은 알아서
요기, 요기도 하며
제 이름으로 가득 채우고는
"다 됐다"라며 붓을 놓는다

추상화가 완성되었고
손도 옷도 덩달아 캔버스가 되었다

어린아이 마음 읽기가 더 어렵다

올껴?

응
언제
시방
얼른 와
서둘러 걷는 저 뒤꿈치에서
다정한 목소리를 듣는다

나도 아이들에게
콧노래를 부르며

올꺼

지은이 | 김정옥
펴낸이 | 노용제
펴낸곳 | 정은출판
1판 1쇄 | 2018년 10월 31일
출판등록 | 2004년 10월 27일
등록번호 | 제2-4053호
디자인 | 서용석
주 소 | 04558 서울시 중구 창경궁로 1길 29 (3층)
전 화 | 02-2272-8807
팩 스 | 02-2277-1350
이메일 | rossjw@hanmail.net

ISBN 978-89-5824-382-3 (03810)
값 10,000원

* 이 책은 국가문화예술진흥기금을 받아 출간되었습니다.